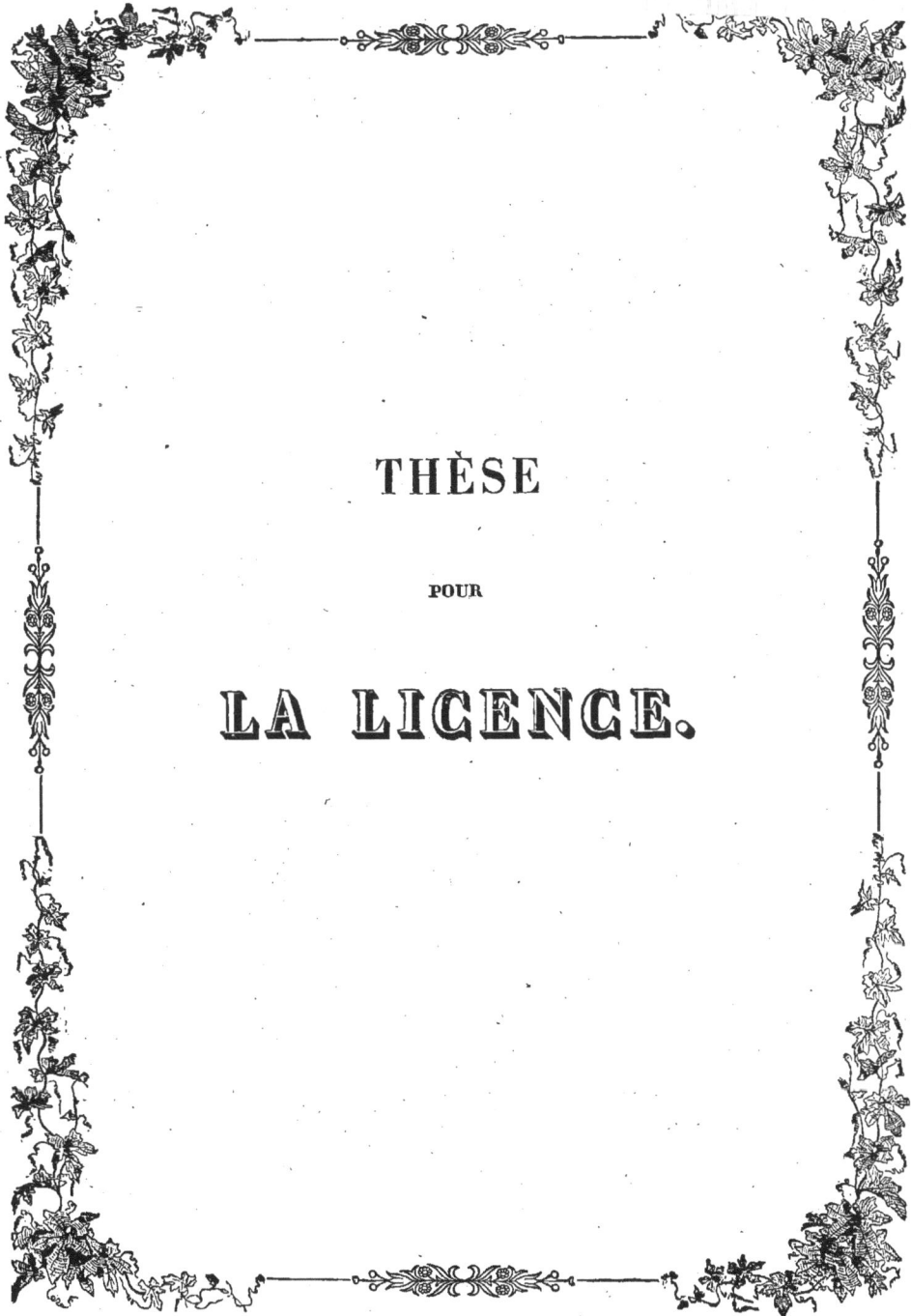

THÈSE

POUR

LA LICENCE.

À mon Père, à ma Mère.

À ma Famille.

À mes Amis.

1847

FACULTÉ DE DROIT DE TOULOUSE.

ACTE PUBLIC

POUR LA LICENCE,

En exécution de l'art. 4, tit. 2, de la loi du 22 Ventôse an XII,

SOUTENU LE 8 JANVIER 1847,

Par M. Cèze (Marie-Hippolyte-Louis).

Jus Romanum.

INSTIT., LIB. III, TIT. II.

De Legitimâ adgnatorum successione.

DEFUNCTI patrisfamilias hereditas primo ordine suis heredibus, secundo adgnatis, nullis ex his superstitibus, gentilibus accedebat.

Itaque quùm nullus superstes adesset suus hæres, lex duodecim Tabularum adgnatos vocabat ad successionem : adgnati enim non suis heredibus solùm, sed illis etiam quos introduxerant prætor vel constitutiones, postponebantur.

Adgnati sunt qui per virilis sexûs personas cognatione conjuncti, quasi à patre cognati. Itaque consanguinei fratres, et consobrini, etiamsi mortuo patrefamilias nati essent, sibi adgnati sunt.

Primo semper adgnato defertur legitima hereditas, et ab ipsâ lege XII Tabularum sic fuerat statutum : « Adgnatus proximus familiam habeto. » Est autem proximus qui proximus fuit eo tempore quo intestatus adfuit paterfamilias; quapropter si nullum factum fuerit testamentum, proximus intelligitur qui tunc fuit cùm decesserit paterfamilias; si verò factum fuerit testamentum, proximus est qui tunc quùm testamentum ruptum fuerit : quod infrà longiùs exponam.

Fiunt etiam per adoptionem adgnati, et adoptatus iisdem fit adgnatus quibus pater illius adoptivus adgnatus est, legitimamque tum sicut ipsi hereditatem consequetur. Cæterùm, etsi adoptati, non propriè consanguinei fiunt, jus tamen consanguinitatis et idcircò legitimæ successionis cum aliis adgnatis tenent; quam ob causam fratres etiam adoptivi con- sanguinei vocantur. Ex autem divisione à Justiniano positâ ii solùm inter adoptivos consanguinitatis et adgnationis jus in familiâ adoptivâ conse- quuntur qui à personâ non extraneâ fuerunt adoptati.

Adgnatus proximus, etiamsi longissimo sit gradu, hereditatem acquirit : femina verò nunquàm, nisi ipsius consanguinitatis jure, id est, si soror sit, illam accipit. Multùm enim distant consanguinitas et adgnatio, et quia præter consanguineas muliebris sexûs personæ, licet adgnatæ es- sent, non admittebantur, duo quasi ordines ex uno sic facti sunt. At hoc equidem jus post legem duodecim Tabularum, prudentium responsis fuit impositum. Anteà enim, lege duodecim Tabularum imperante, omnes per virilem sexum cognati uno adgnatorum nomine appellabantur, et proximis ex his sine ulla sexûs aut consanguinitatis discretione deferebatur hereditas. Mediâ autem jurisprudentiâ, amitæ nostræ hereditas ad nos equidem pertinet, nostra verò non eodem jure ad eam pervenit. Pruden- tibus enim Vocanianam legem interpretantibus utilius esse ac rationi magis consentaneum visum erat ut hereditates ad masculos potiùs quàm ad fe- minas pervenirent, non tantùm quia masculi reipublicæ magis prosunt dùm aut bella gerunt, aut sacra faciunt, aut muneribus publicis fungun- tur; verùm etiam et potissimùm quia familiæ quæ in feminis intereunt per mares conservantur et propagantur (Vinn.).

Iniquum verò erat eas in universum quasi extraneas repelli, et ideò

eas ad bonorum possessionem admisit prætor quæ vocabatur unde cognati :
quo jure, adgnato nullo nec proximiore cognato superstite, ad hereditatem
femina admittebatur. In ordine verò adgnatorum etsi inter aliquosdam
adgnatos inter se contendentes spectetur proximitas, nullo modo spec-
tatur quandò cum cognatis conferuntur; quippe quibus omnibus solo
adgnationis jure præferuntur etiamsi longè sint remotiores. Justinianus
verò suis constitutionibus ad jus duodecim Tabulis præfixum revertitur :
quâ jurisprudentiâ feminæ omnes adgnatæ gradu proximiores, adgnatis
masculis remotioribus anteponuntur. In quo pleniùs illis consuluit quam
prætor qui feminas nisi consanguineæ essent, simul ac cognatos et eodem
solùm jure ad bonorum possessionem vocabat.

Inter adgnatos introduxit etiam Justinianus fratres sororesque uterinos
erga fratris successionem, perindè ac si essent adgnati; et posteriore constitutione, idem jus tributum est consanguineorum uterinorumque liberis,
primos gradus in familiâ habentibus; ita ut non solùm fratris filius et filia
ad patrui, sed etiam germanæ, consanguineæ vel uterinæ, soli filius et
filia ad avunculi sui successionem perveniebant; solos verò filios et filias
sororis qui in tertio cognationis gradu sunt cum adgnatis ejusdem gradûs
ad legitimam successionem vocat Justinianus, non ulteriores cognatos.
Soboles ergo ab utroque latere ad patrui successionem pari jure veniunt,
scilicet nisi defuncti frater et soror sint superstites. Non admittitur enim
inter agnatos repræsentationis jus, et in capita non in stirpes dividuntur
hereditates.

Jam anteà diximus à lege vocari adgnatum, si plures sint gradus,
proximum. Voluit ergo lex in ordine adgnatorum servari prærogativam
gradûs, et solos proximos hereditatem capere. Lex duodecim Tabularum
numero singulari proximum vocat, non quòd, si plures sint pari gradu,
neminem admitti voluit, quod fuisset ridiculum; sed quia prævidere
non potuit quot quisque adgnatos relicturus esset. Quòd si ergo plures
sint ejusdem gradûs, ex mente legis omnes æqualiter admittuntur. Simili
modo quùm lex adgnato proximo tutelam defert, si plures sint eodem
gradu adgnati, pariter omnibus eam deferre intelligitur.

Quo tempore spectetur proximitas nunc quæramus. Cùm quis proximus
adgnatus vel cognatus habeatur dubium sit, semper spectandum est
tempus delatæ ab intestato hereditatis. Et equidem non semper unum et

idem est tempus illud. Interest enim utrum is de cujus bonis certatur, nullo testamento facto decesserit (quod tunc quoque intelligitur cùm aut non jure fecit, aut cùm factum testamentum, ipso adhuc vivo, fit irritum) an factum jure testamentum, quod demùm post mortem testatoris frangatur : priore casu proximus remanet qui tunc fuit cùm paterfamilias moreretur, quia tunc tempus delatæ hereditatis cum mortis tempore concurrit. Posteriore casu, agnatus ille qui fuit eo tempore quo testamentum defertur, quia, mortuo patrefamilias testamento facto, non ante hæreditas ejus ab intestato deferri incipit quàm certum est neminem ex eo testamento heredem exstiturum.

Primâ vigente jurisprudentiâ, in legitimis hereditatibus non erat successioni locus, hoc est, proximo repudiante vel deficiente, ad insequentem adgnatorum gradum ex lege hereditas non transmittebatur. Constitutione Justiniani hoc cautum ut, adgnato proximo sibi delatam hereditatem repudiante, admitterentur ex eodem ordine gradus sequentes, exclusis etiam proximioribus cognatis. Atque ita auctius factum est jus adgnatorum. Hodiè verò nullus est hujus beneficii usus. Novellis enim exæquati sunt cognati adgnatis.

Altera adhuc est legitima successio quæ parentum vocatur. Parens autem hic non ut parens sed ut manumissor patronus consideratur : « Ad legitimam successionem vocatur parens, qui, contractâ fiduciâ, filium vel filiam, nepotem vel neptem ac deinceps emancipat. » Scimus autem, Justiniano imperatore, omnes, contractâ fiduciâ, fuisse emancipationes. Imaginarias enim illas antiquæ emancipationis solemnitates sustulit imperator ille, salvo tamen antiquo patris manumissoris jure, ita ut ad legitimam adhuc hereditatem filii vocetur, cæteraque consequatur jura patroni perindè ac si contractâ fiduciâ eum emancipâsset.

Code Civil.

Dispositions générales.

Avant de nous occuper à approfondir les principes formulés dans les articles ci-dessus, demandons-nous jusqu'à quel point est juste le moyen d'acquérir, que l'on nomme *prescription.*

Il est deux sortes de prescriptions : celle du possesseur de bonne foi et celle du possesseur de mauvaise foi ; la première est en quelque sorte justifiée par la probité de celui qui possède. Le législateur devait, en effet, récompenser celui qui a donné ses soins à une chose qu'il croit avoir faite sienne. Il a été induit en erreur ; celui qu'il croyait propriétaire ne l'était pas, ou s'il l'était, il n'avait pas le droit d'aliéner ; il ne doit pas souffrir d'une faute qui n'est pas la sienne. Et d'ailleurs, après un long laps de temps, après avoir peut-être appliqué toute sa science et tout son temps à améliorer ce qu'il détient, après avoir peut-être augmenté considérablement sa valeur, n'y a-t-il pas, même d'après le droit natu-rel, beaucoup plus de droit que le légitime propriétaire qui, vivant dans l'insouciance, a abandonné sa propriété sans s'occuper le moins du monde des changements qui s'opéraient dans son administration ?

Quant au possesseur de mauvaise foi, il est moins aisé de justifier son droit. Il est peu juste qu'on puisse retirer légalement un avantage d'un délit. Aussi ce n'est pas par intérêt pour lui que cette prescription a été adoptée. Il était nécessaire, il y avait nécessité d'ordre public, que le sort des propriétés ne restât pas très-longtemps indécis ; il importe, en effet, à toute la nation que son sol soit cultivé autant qu'il peut l'être ; il importe à tous les hommes de ne pouvoir être inquiétés pour des dettes dont l'ancienneté rendrait la preuve de payement difficile. Souvent, sans la prescription, des héritiers seraient poursuivis pour des dettes de successions que leur auteur aurait acquittées ; ils pourraient n'avoir pas de preuves de payement. Alors, si la mauvaise foi était une raison pour ne pas admettre la prescription, la contestation donnerait lieu à des recherches très-embrouillées , les juges eux-mêmes se trouveraient souvent dans l'impossibilité de reconnaître de quel côté est la bonne cause. Ne vaut-il pas mieux encore s'exposer à sanctionner quelquefois l'injustice du méchant que supporter tous les maux auxquels donnerait lieu l'absence de ce genre de prescription ? Tous les législateurs ont été de cet avis , et si tous n'ont pas fixé le même espace de temps pour acquérir la propriété par une longue possession , tous ont été d'accord sur le principe que la prescription est nécessaire.

La durée du temps pour prescrire n'est pas toujours la même ; il était, en effet, juste et convenable de fixer différents laps de temps pour différentes prescriptions. Ainsi , il est des choses pour lesquelles un temps trop long eût rendu la loi illusoire et inutile ; il est des choses dont le sort ne peut pas demeurer longtemps en suspens ; il est des cas au contraire où les intérêts engagés peuvent être assez graves pour qu'on ne prononce la déchéance du premier propriétaire qu'après lui avoir laissé un très-long laps de temps pour faire valoir son droit. Aussi la loi a-t-elle distingué des prescriptions de courte durée , et d'autres qui ne s'acquièrent que par un laps de dix , vingt , trente ans.

Venons-en maintenant à ce que nous enseignent les articles que nous avons à commenter.

La prescription se compte par jour et non par heure (art. 2260) ; il ne suffit pas par conséquent que le jour où touche la fin du laps de temps accordé , soit commencé ; il faudra qu'il soit achevé pour que le vrai propriétaire ne puisse interrompre la prescription. En d'autres termes, le jour *ad quem* est compris aussi dans le délai : quelques auteurs , se basant sur ce principe de Droit romain , *dies inceptus pro finito habetur,* ont nié l'explication que nous venons de donner, et ont voulu que le jour *ad quem* ne fût pas compris dans le délai ; mais cet avis n'a pas prévalu, et la jurisprudence est aujourd'hui définitivement établie dans l'autre sens. Bien que le Code n'en parle pas dans cet endroit, il est aussi universellement admis que le jour se compte de vingt-quatre heures, et le mois suivant le calendrier grégorien, peu importe qu'il contienne plus ou moins de trente jours.

De la Prescription trentenaire.

Toutes les actions tant réelles que personnelles sont prescrites par trente ans, sans que celui qui allègue cette prescription soit obligé d'en rapporter un titre ou qu'on puisse lui opposer l'exception déduite de la mauvaise foi (art. 2262). Cette prescription est la plus longue qu'admette la loi ; aussi est-ce celle qu'elle a fixée au possesseur de mauvaise foi ; parce que plus le délai est long, plus il est probable que le propriétaire s'apercevra, avant sa fin, du danger qu'il court, et que la mauvaise foi du possesseur doit engager le législateur à rendre ces cas de prescription aussi rares que possible.

Ce n'est pas seulement les actions réelles, c'est-à-dire les droits de revendication d'immeubles, qui sont prescrites par trente ans, mais encore les actions personnelles ; ainsi les dettes, les titres de rente. Le danger est beaucoup plus grand pour les actions personnelles que pour celles qui ont rapport aux immeubles ; on conçoit, en effet, qu'il est assez difficile et qu'il doit arriver bien rarement qu'un étranger s'empare d'un fonds de terre, par exemple, et en jouisse pendant trente ans, sans que le propriétaire s'en aperçoive. Pour les actions personnelles, au contraire, pour les rentes, par exemple, il pourrait se faire que le débiteur, après avoir payé exactement les intérêts pendant trente ans, se dît libéré par la prescription, et refusât de montrer les reçus qu'il se serait fait délivrer par son créancier. Dans ce cas, le maître de la rente aurait beau en appeler de la mauvaise foi de son débiteur, il serait condamné à perdre la rente. Aussi, pour prévenir cet abus, le Code donne-t-il au créancier d'une rente ou à ses ayants cause le droit de forcer son débiteur à lui donner un titre nouveau, lorsque vingt-huit ans se sont écoulés depuis la date du dernier titre ; ce nouveau titre sera aux frais du débiteur, parce que le créancier ne doit pas perdre en prenant les mesures conservatoires de ses droits, et que puisque la rente est supposée à l'avantage du débiteur, c'est lui qui doit en supporter toutes les charges. C'est pour la même raison que lorsqu'il faut renouveler une inscription hypothécaire, la loi veut que les frais retombent sur le débiteur. Tous les moyens légaux employés par le créancier pour se préserver de la déchéance qu'il pourrait éprouver, doivent retomber sur le débiteur. Car c'est à ce dernier à donner des garanties sûres à celui qui vient à son secours. Là où est le bénéfice d'un acte, là doivent en être aussi les charges.

De la Prescription de dix et vingt ans.

La loi, suivant les données d'une bonne justice, a voulu mettre une différence entre le possesseur de mauvaise foi et celui de bonne foi. Celui, en effet, qui a été induit en erreur et qui a déboursé le prix de l'immeuble acheté, doit être considéré comme luttant pour ne pas perdre (*certat de damno vitando*); tandis que le possesseur de mauvaise foi n'a rien dépensé; s'il prescrit l'immeuble, tout est gain pour lui (*certat de lucro captando*). Le premier méritait donc beaucoup plus de faveur que le second. Aussi la loi n'a-t-elle exigé de lui qu'un laps de temps de dix ans, si le propriétaire habite dans le ressort de la Cour royale où est situé l'immeuble, et de vingt ans s'il habite dans le ressort d'une autre Cour royale.

La loi ne s'en est pas entièrement rapportée aux juges pour décider s'il y avait ou non bonne foi. Sans doute, elle a été obligée de laisser beaucoup à faire à l'arbitraire ; les formes que revêt l'astuce et la fraude sont si multipliées, qu'il était impossible de tracer d'une manière absolue les caractères qui distinguent le fripon de l'honnête homme. Cependant il était une preuve qui, sans démontrer d'une manière certaine que la bonne foi existait réellement, pouvait donner à la présumer, et dont l'absence, au contraire, devait rendre probable la fourberie du possesseur. Tout homme, en effet, qui a acheté consciencieusement, doit avoir un titre ; et comme les prescriptions de la loi sont toujours supposées connues, ce titre doit être rédigé dans les formes voulues par le législateur, et capable de transférer la propriété s'il eût émané du véritable propriétaire. C'est ce genre de preuve qu'exige le Code. Sans un juste titre, toutes les autres preuves de la bonne foi du possesseur deviendraient inutiles ; mais aussi le possesseur qui a un titre parfaitement en forme doit être présumé de bonne foi. Ce n'est pas à lui à prouver qu'il ignorait le vice de la vente; c'est au propriétaire, exposé à perdre son immeuble, à faire cette preuve, et si les raisons qu'il met en avant ne sont pas jugées suffisamment concluantes, il sera repoussé de sa demande et sa déchéance sera proclamée.

Lorsque le propriétaire de l'immeuble sur lequel a été établie une possession, a habité pendant une partie du temps dans le ressort de la Cour royale où est cet immeuble, et pendant une autre partie hors de ce ressort, on doit compter les années de présence, et y ajouter un nombre d'années double de celui qui manque pour compléter les dix ans de présence. Cette disposition de l'article 2266 est facile à comprendre, et elle aurait pu s'induire assez aisément de l'article précédent, alors même que le législateur aurait oublié de le préciser. Une difficulté qui est plus sérieuse, est celle de savoir ce que le législateur a voulu dire par ce mot *habiter*, qui est dans l'article 2265. Veut-il parler du domicile légal, ou bien de la résidence réelle? Le mot domicile étant employé dans l'article suivant, il y aurait assez lieu de croire que les auteurs du Code n'avaient pas prévu ce cas, et qu'ils avaient supposé que le propriétaire aurait toujours habité dans le lieu où était son domicile. Leur intention ne peut pas avoir été d'ordonner qu'en quelque lieu que le propriétaire se trouve, si son domicile est très-rapproché du lieu de situation de l'immeuble, il perd ses droits par la révolution d'un petit nombre d'années. La lettre des articles qui nous arrêtent donnerait, il est vrai, à le croire; mais quand il s'agit d'interpréter la loi, il faut se placer plus haut, et rechercher les motifs qui ont pu donner lieu à des précisions semblables. N'est-il pas bien à présumer, n'est-il pas même certain que ce qui a causé la distinction des différents laps de temps exigés, est le plus ou moins de facilité que peut avoir le propriétaire, pour être informé du risque qu'il court? et dès lors, qu'importe le lieu de son domicile? L'aurait-il eu à l'autre bout de la France, s'il résidait sur les lieux où était l'immeuble, ne lui était-il pas bien facile d'apprendre la possession qui courait contre lui? et d'un autre côté, aurait-il eu son domicile de droit dans le ressort de la Cour royale où est sa propriété, s'il est absent, ne lui est-il pas excessivement difficile d'être informé du danger auquel il est exposé, et ne doit-on pas lui réserver un grand nombre d'années pour lui laisser le temps de l'apprendre? La législation ancienne en avait décidé comme nous, et là jurisprudence de la Cour de cassation a confirmé cette interprétation.

De quelques Prescriptions particulières.

Dans ce chapitre se trouvent réunies toutes les prescriptions de courte durée. Elles varient sous le rapport du laps de temps exigé; mais ce temps est toujours très-court. Les actions qui y sont soumises, sont toutes personnelles, et ce qui en a fait admettre la prescription, c'est la négligence que l'on met habituellement à conserver les titres de payement de ces sortes de dettes. Aussi suppose-t-on qu'une fois le temps où l'on a l'habitude de payer ces dettes passé, elles l'ont été, et que les preuves d'acquittement n'ont pas été conservées. Ces prescriptions sont donc pour la plupart fondées sur l'acquittement présumé de la dette réclamée; c'est pour cela que ceux qui se plaignent ont reçu le droit de déférer le serment à la partie adverse, et qu'ils devront obtenir gain de cause si celle-ci refuse de le prêter.

Le temps exigé pour prescrire, varie suivant que les dettes réclamées sont habituellement payées immédiatement, ou dans le mois, ou dans l'année. Ainsi, il est des actions qui se prescrivent par six mois; ce sont celles des gens qu'on a l'habitude de payer chaque jour ou bien chaque mois :

L'action des maîtres et instituteurs des sciences et arts pour les leçons qu'ils donnent au mois;

Celle des hôteliers et traiteurs, à raison du logement et de la nourriture qu'ils fournissent;

Celle des ouvriers et gens de travail, pour le payement de leurs journées, fournitures et salaires (art. 2271).

Les actions de ceux qu'on a l'habitude de payer chaque trois mois ou chaque année, se prescrivent par un an :

L'action des médecins, chirurgiens et apothicaires pour leurs visites, opérations et médicaments;

Celle des huissiers pour le salaire des actes qu'ils signifient, et des commissions qu'ils exécutent;

Celle des marchands pour les marchandises qu'ils vendent aux particuliers non marchands ;

Celle des maîtres de pension pour le prix de la pension de leurs élèves,
et des autres maîtres pour le prix de l'apprentissage ;

Celle des domestiques qui se louent à l'année pour le payement de leur
salaire (art. 2272).

Dans tous ces cas la prescription court, bien qu'il y ait continuation de
travaux ou de fournitures. Admettre le contraire, serait rendre les articles
qui précèdent bien souvent inutiles ; car il deviendrait presque impossible
de les invoquer. Si néanmoins il y a eu compte arrêté ou obligation, la
prescription ne peut plus s'appliquer à ces créances, parce qu'alors il y
a eu en quelque sorte novation dans le titre ; la créance a comme changé
de nature, et on concevrait difficilement qu'en acquittant de pareilles
dettes, les débiteurs ne se fussent pas fait donner un titre pour constater
leur libération.

Les arrérages de rentes perpétuelles et viagères, ceux des pensions
alimentaires, les loyers des maisons et le prix de ferme des biens ruraux,
les intérêts des sommes prêtées, et généralement tout ce qui est payable
par année ou à des termes périodiques plus courts, se prescrivent par
cinq ans (art. 2277). Par cet article, la loi a voulu venir au secours des
débiteurs dont les créanciers n'auraient pas exigé les intérêts pendant un
grand nombre d'années. Ces intérêts, en s'accumulant, auraient fini par
former une somme très-forte, quelquefois égale ou supérieure au capital
de la dette, et le débiteur se serait trouvé dans une position très-difficile.
La loi a aussi voulu éviter les réclamations remontant à un trop grand
nombre d'années, parce que les preuves de payement, les reçus donnés
au débiteur peuvent avoir été égarés par lui, et sa position est assez
malheureuse pour qu'on tâche d'affaiblir autant que possible les obliga-
tions dont il est chargé. Il est de la nature, de l'essence même de toutes
ces dernières prescriptions, d'être de courte durée. Leur but serait donc
manqué, et leur existence serait complétement illusoire, si des causes
quelconques pouvaient prolonger le laps de temps requis pour les acquérir. Aussi les mineurs et les interdits qui ont reçu, et à bien juste
titre, des faveurs et des priviléges tout particuliers dans de si nombreuses
circonstances, sont soumis dans ce cas-ci aux mêmes règles que les ma-

jeurs, et les prescriptions de courte durée courent tout aussi bien contre eux que contre ceux qui jouissent de toute l'intégrité des droits civils. La cause des tiers ne souffre en rien de leur minorité ou de leur inter-diction; mais comme il est un protecteur que la loi a placé auprès d'eux pour veiller à la conservation de leurs droits, et que ce protecteur doit se reprocher de n'avoir pas interrompu la marche de ces prescriptions, il sera responsable de la perte que l'incapable aura éprouvée, et il pourra être condamné à lui payer une indemnité pour effacer le préjudice que son étourderie ou sa négligence lui aura causé.

En fait de meubles, la possession vaut titre. Quelles difficultés n'y au-rait-il pas eu, en effet, s'il avait fallu, toutes les fois qu'il se serait agi de vendre ou de donner un meuble, prouver, les titres à la main, les droits que l'on avait à sa possession? quelle entrave n'aurait-ce pas été pour le commerce? Aussi tout ce que la loi pouvait faire, et elle l'a fait, était de donner des garanties à celui qui aurait perdu son meuble ou en aurait été dépouillé injustement. Dans quelque main que se trouve l'objet perdu ou volé, le légitime propriétaire pourra le réclamer pendant trois ans; le possesseur de bonne foi exercera son recours contre celui qui lui a cédé la chose trouvée ou volée; mais le vrai propriétaire n'aura point à s'en occuper, et si le voleur ne peut être retrouvé, ou ne peut rembourser le prix de la vente, la perte sera pour l'acquéreur. Il est cependant un cas où il n'en est pas ainsi. En effet, cette loi était juste en thèse générale, parce que l'acheteur pouvait peut-être soupçonner, d'après la qualité du vendeur, d'où provenait l'objet volé; mais il fallait qu'on pût acheter sans s'exposer à un risque semblable, c'était l'intérêt du commerce et même des acheteurs. Aussi (art. 2280) celui qui a acheté un objet même perdu ou volé dans un marché ou une foire, ou dans une vente publique, ou d'un marchand vendant des choses pareilles, ne pourra-t-il être forcé de le restituer que si on lui en rembourse le prix. Si le propriétaire avait pu déposséder l'acquéreur sans lui rembourser le prix qu'il avait payé, per-sonne n'aurait voulu acheter; mais, d'un autre côté, il était juste qu'il pût revendiquer l'objet à lui appartenant, parce que cet objet pouvait avoir pour lui une valeur d'affection ou de souvenir qu'il ne saurait avoir pour l'acquéreur, c'est donc avec sagesse que le Code a fait toutes ces pré-cisions.

Avant la publication du Code, les prescriptions n'étaient pas soumises aux mêmes règles; les nouveaux législateurs innovèrent sous bien des points; il fallait donc régler la limite d'action des lois anciennes et de la loi nouvelle, de manière à ne pas violer le principe de la non rétroactivité des lois, principe qui, admis dès le commencement, devait planer sur tout le nouvel édifice légal; et c'est pour concilier tous les droits que les législateurs créèrent le dernier article de ce titre : «Les prescriptions commencées à l'époque de la publication du présent titre seront réglées conformément aux lois anciennes. Néanmoins les prescriptions alors commencées, et pour lesquelles il faudrait encore, suivant les anciennes lois, plus de trente ans à compter de la même époque, seront accomplies par ce laps de trente ans. »

Code de Procédure.

LIVRE I, TITRE IV.

Des jugements sur les actions possessoires.

Conserver la propriété d'une chose tant qu'on n'en a pas fait volontairement l'abdication, quelle que soit la durée du temps pendant lequel on a cessé d'en jouir, est la règle que nous enseignent les lois immuables d'une rigoureuse justice; mais des raisons d'intérêt public, le besoin de ne pas laisser trop longtemps les questions de propriété indécises, ont fait déroger à cette règle et admettre la prescription. Ces mêmes raisons ont engagé les législateurs à attacher certains droits à une possession insuffisante pour acquérir la prescription, mais assez longue pourtant pour avoir mérité quelques priviléges à leur auteur. Il était juste, en effet, que celui qui avait mis toute sa sollicitude à conserver et à améliorer une chose négligée par son propriétaire, ne pût en être dépouillé à jamais par un tiers qui baserait uniquement son droit sur la ruse ou la violence. Aussi la loi a-t-elle accordé au possesseur qui réunirait certaines conditions, deux avantages bien importants : le premier est de lui donner gain de cause, n'aurait-il aucun titre pour lui, toutes les fois que le demandeur en revendication ne présente pas des titres de propriété suffisamment probants. Mais ce droit ne suffisait pas; il fallait que le possesseur injustement dépouillé pût revendiquer l'objet qui lui avait été enlevé. C'est pour cela que la loi lui a accordé un second privilége, celui d'intenter une action pour se faire maintenir ou réintégrer dans la possession de la chose qui lui est disputée. C'est de cette action que nous aurons à nous occuper. On lui a donné le nom d'action possessoire pour la distinguer de celle par laquelle on redemande la propriété d'un objet ou action pétitoire.

De la corrélation que j'ai tâché d'établir entre la prescription et la possession légale, on peut en conclure que la possession légale ne pourra jamais avoir lieu que pour les objets soumis à la prescription; mais il faut avoir soin de remarquer que si tous les objets sujets à la possession légale le sont à la prescription, tous ceux qui sont soumis à la prescription ne doivent pas l'être à la possession légale. En effet, d'après le but même qui a fait établir la possession, si la prescription peut s'établir par un très-court espace de temps, il est complétement inutile d'assigner des droits à une possession nécessairement très-courte; aussi la loi a-t-elle voulu que les immeubles, et les servitudes susceptibles d'être acquises par prescription, fussent seuls regardés comme donnant droit à intenter des actions possessoires. L'ordonnance de 1667 étendait ce droit aux universalités de meubles; mais notre code, en assignant pour juge aux actions possessoires le juge de paix de la situation de l'objet litigieux, paraît avoir voulu s'en tenir à la règle que nous venons de poser. La jurisprudence ancienne avait aussi distingué plusieurs espèces d'actions possessoires; mais le Code les a laissées tomber dans l'oubli. Les règles qu'il donne dans le titre que j'ai à commenter s'appliquent à toutes les actions possessoires, quel que soit le genre de trouble qui leur ait donné naissance; aussi, bien que la nouvelle loi sur les justices de paix, soit venue ressusciter toutes ces anciennes distinctions, je les laisserai de côté, et je me bornerai à expliquer les règles générales qui régissent toute cette matière. Je rechercherai donc :

1.º Quels caractères doit réunir la possession pour que l'action possessoire soit recevable;

2.º Dans quel délai elle doit être intentée, et quels sont les droits du juge devant lequel elle est portée ;

3.º Quelles sont les influences respectives de l'action possessoire et de l'action pétitoire.

§ Ier *Quels caractères doit réunir la possession pour que l'action possessoire soit recevable ?*

L'article 23 du Code de procédure impose à la possession légale trois conditions : elle doit avoir duré au moins une année ; elle doit être paisible ; elle ne doit pas reposer sur un titre précaire tel qu'un acte de louage, un bail à ferme, etc. Ces conditions sont-elles les seules ? Je ne le crois pas. Le Code civil (chapitre 2, titre 20, livre 3) assigne quelques autres caractères à la possession. Il veut qu'elle soit continue et non interrompue, publique, non équivoque. Bien que ces conditions ne soient demandées que pour la possession afin de prescrire, je crois qu'il y a identité entre cette possession et celle qui donne le droit d'intenter des actions possessoires ; j'ajouterai donc ces trois nouvelles conditions aux trois que nous enseigne l'article 23. La possession annale donne des priviléges assez grands pour qu'on puisse se montrer sévère dans l'interprétation des règles qui la concernent.

§ II. *Dans quel délai doit être intentée l'action possessoire, et quels sont les droits du juge devant lequel elle est portée ?*

L'action possessoire doit être intentée dans l'année qui suit le trouble (article 23) ; mais à quelle époque commencera l'année ? sera-ce à partir du jour du trouble, ou à partir du jour où il sera parvenu à la connaissance du possesseur ? On devra nécessairement compter l'année à partir du jour du trouble. En effet, l'auteur du trouble peut avoir continué de posséder et avoir acquis des droits égaux à ceux de l'ancien possesseur ; d'ailleurs, si celui-ci n'a eu connaissance du trouble que longtemps après qu'il a eu lieu, cela prouve qu'il possédait avec assez d'inattention, et il doit s'imputer le résultat de son incurie et de sa négligence. Il était juste que des droits fondés sur une possession de courte durée ne fussent pas imprescriptibles et qu'ils pussent être perdus par un abandon d'une durée égale à celle de la possession ; aussi la jurisprudence de la Cour de cassation est-elle fixée dans ce sens.

Le juge assigné pour recevoir les actions possessoires est le juge de paix ; mais la loi lui ordonne de s'en tenir strictement aux contestations relatives à la possession et le déclare incompétent pour tout ce qui a trait au pétitoire. Le défendeur à l'action possessoire peut en effet baser sa défense sur deux motifs bien différents :

1.º Il peut dire qu'en causant le trouble il n'a fait que rentrer dans la possession d'un objet dont il avait la propriété.

2.º Il peut nier le trouble ou la possession ; c'est-à-dire, nier qu'il y ait eu trouble ou qu'il en soit l'auteur, et dire que la possession lui appartenait à plus juste titre qu'au demandeur.

Dans le premier cas, le juge de paix ne devra pas tenir compte d'une pareille allégation, et si le défenseur n'a pas d'autres raisons à donner à son appui, il sera condamné, sauf à lui à porter sa demande au pétitoire devant les tribunaux compétents, après avoir satisfait aux conditions fixées par l'article 27. Le tribunal de première instance lui-même, jugeant comme tribunal d'appel, devra rester dans les mêmes limites que le juge de paix, ce tribunal fût-il celui devant lequel la demande au pétitoire devra être portée.

Dans le second cas, au contraire, le juge de paix pourra ordonner une enquête ; il pourra rechercher si le trouble contesté a eu lieu, et si le demandeur avait réellement la possession annale que le défendeur lui refuse. Dans ce but, le juge de paix pourra parfaitement se servir des titres, et il devra même baser sa décision sur leurs indications lorsque les preuves de possession mises en avant par le demandeur et le défendeur sont à peu près égales, ou lorsqu'il s'agit de décider si la possession est ou non à titre précaire.

L'article 24 du Code de procédure semble n'accorder au juge de paix le droit d'ordonner une enquête que lorsque le trouble ou la possession sont déniés ; il ne faut pas en conclure que si le défendeur fait défaut, le juge sera obligé de faire droit à la demande. Sans doute il est très-probable que lorsque le défendeur ne se présente pas, il reconnaît tacitement la vérité de la demande ; mais cela peut ne pas être, et le juge de paix jouira de la faculté accordée par l'article 150 du Code de procédure, à tous les juges, de n'admettre les conclusions de la partie présente qu'autant qu'elles lui paraîtront justes et bien vérifiées ; il pourra par conséquent ordonner une enquête, malgré l'absence du défendeur, et il devra surtout user de ce droit lorsque le défendeur est un incapable.

§ III. *Quelles sont les influences respectives de l'action possessoire et de l'action pétitoire ?*

Le Code, commençant par supposer que l'action pétitoire a été intentée la première, ôte au demandeur le droit d'intenter ensuite une action possessoire. Il est assez naturel, en effet, qu'on ne demande d'être réintégré que dans la propriété des choses dont on ne jouit pas. Mais le défendeur au pétitoire pourra parfaitement se pourvoir au possessoire pour le trouble causé par le demandeur primitif, soit avant, soit depuis sa demande ; car il serait injuste que, par une demande au pétitoire, l'auteur du trouble pût se délivrer de l'obligation de réparer le préjudice causé au possesseur, préjudice que le juge de paix appréciera bien plus aisément que le tribunal chargé de décider la question de propriété.

Lorsque l'action possessoire a été intentée avant l'action pétitoire, le demandeur doit pouvoir intenter cette dernière action avant qu'on ait jugé la première, puisque le Code ne le lui défend pas. Mais alors sa demande au pétitoire devra être regardée comme une renonciation tacite mais nécessaire à sa première demande.

L'article 27 ne permet au défendeur au possessoire de se pourvoir au pétitoire qu'après que l'instance sur le possessoire aura été terminée, et s'il a succombé, qu'après avoir pleinement satisfait aux condamnations prononcées contre lui. Toutefois, il ne fallait pas que la partie qui a obtenu ces condamnations pût, en retardant leur liquidation, empêcher indéfiniment le défendeur de se pourvoir au pétitoire, et c'est pour prévoir cet obstacle que le même article 27 a donné aux juges du pétitoire le droit de fixer un délai pour cette liquidation, délai après lequel l'action pétitoire sera toujours recevable.

Le demandeur au possessoire qui a succombé n'est pas soumis aux mêmes règles ; il a été plus favorisé, parce qu'il est présumé n'avoir pas causé de trouble ; mais s'il en avait causé un, et qu'il eût été pour cela obligé de se défendre contre une demande reconventionnelle, il serait considéré aussi comme défendeur, et soumis comme tel aux conditions prescrites par l'article 27.

Droit Commercial.

Du Rechange.

Le droit accordé au porteur d'une lettre de change non payée d'exercer son recours contre tous les signataires, pourvu qu'il ait satisfait aux conditions imposées par le Code, est sans doute bien précieux ; il suffit pour rassurer le porteur sur l'intégrité du payement ; mais il ne suffit pas pour les exigences du commerce. Dans le commerce, en effet, l'inactivité des capitaux est un mal, et plus le législateur facilitera la mobilité des valeurs, plus le mouvement commercial se trouvera secondé, plus par conséquent les affaires et les gains des commerçants seront augmentés. Il fallait donc que le porteur pût avoir immédiatement l'argent de la traite non payée ; cet argent, il l'aura, s'il lui est permis de tirer à son tour une nouvelle lettre de change sur ses garants ; car alors il aura une valeur qu'il pourra négocier, et qui lui sera de la même utilité que le serait de l'argent monnayé.

Le Code appelle rechange, tantôt le prix auquel se négocie la nouvelle traite, tantôt l'opération tout entière, c'est-à-dire, le droit de recours. Pour nous, persuadés qu'il est nécessaire avant tout d'éviter la confusion des mots, et de bien s'entendre sur leur signification, nous ne donnerons le nom de rechange qu'au droit de recours, s'exerçant par le moyen d'une retraite, nom donné à la nouvelle traite.

En général, on n'a pas le droit de tirer une traite sur une personne, de manière que celle-ci soit obligée de l'accepter. La retraite fait exception à ce principe, parce que ceux sur qui on la tire sont garants du paye-

ment de la première traite; ils sont par conséquent engagés par les liens
du change. Sous l'empire de l'ordonnance, les retraites ne pouvaient être
tirées que contre le tireur, à moins que celui-ci n'eût permis la libre
négociation de la traite. Mais un grand abus s'était glissé sous cette loi ;
les banquiers munis de la permission de négocier librement, figuraient
des endosseurs et tiraient des retraites contre tous les endosseurs succes-
sivement. Ces retraites donnaient toutes lieu à des frais qui augmentaient
les bénéfices des banquiers, mais qui retombaient tous sur le tireur. Ces
frais étaient très-onéreux pour lui ; aussi la loi est-elle venue à son secours ; elle a permis, il est vrai, au porteur de faire retraite contre qui
il lui plaît ; mais elle a imposé un frein au trop grand nombre de retraites
et à ces changes successifs, si onéreux pour celui qui avait à les supporter.
L'article 183 porte : « Les rechanges ne peuvent être cumulés. Chaque
endosseur n'en supporte qu'un seul, ainsi que le tireur. » Cette disposition a mis un terme à ces anciennes usures que le rechange servait à
déguiser.

Chaque traite et retraite donne lieu à de nouveaux frais, qui se compo-
sent des intérêts, protêts, etc. Chaque endosseur sur qui la retraite est
dirigée, doit les payer, sauf son recours contre le tireur, qui est responsable de tout.

L'article 179 nous enseigne comment se règle le nouveau change, soit
à l'égard du tireur, soit à l'égard des endosseurs. A l'égard du tireur, il
n'y a pas de difficulté ; il se règle par le cours du change du lieu où la
lettre de change était payable, sur le lieu d'où elle a été tirée. L'article
est moins clair en ce qui concerne les endosseurs, et l'interprétation en
est assez difficile ; je crois cependant qu'il veut dire qu'on se règle d'a-
près le cours du change du lieu où les endosseurs ont négocié la traite,
sur le lieu d'où elle avait été tirée ; car ces mots : « où le remboursement
s'effectue, » me semblent devoir s'appliquer à la retraite plutôt qu'à la
lettre de change primitive.

Le taux des dépenses qui élèvent d'autant le chiffre de la nouvelle
traite, est certifié par une pièce à part, dûment certifiée, appelée compte
de retour. L'article 181 nous apprend ce que doit contenir ce compte de
retour. Il énonce :

1.º Le principal de la lettre de change protestée ; là-dessus pas d'observation à faire ; le but de la retraite explique suffisamment cette clause ;

2.º Le nom de celui sur qui la retraite est faite, et le prix du change auquel elle est négociée ; le nom du nouveau tiré, parce qu'une fois ce tiré choisi, le porteur, quoique libre d'abord, ne peut plus changer, et qu'il dégage les endosseurs subséquents ; le prix du change, pour que le tiré puisse reconnaître les motifs des frais qu'il a à payer, et qu'il puisse les discuter s'ils ont été trop augmentés ;

3.º Les frais de protêt et autres frais légitimes, tels que commission de banque, courtage, timbre et ports de lettres. Ces frais ont été déboursés ou peuvent être supposés avoir été déboursés par le porteur ; il ne faut pas qu'il les perde ; il est juste par conséquent de lui permettre d'exercer son recours pour les recouvrer. Mais cet article est-il limitatif, et ces frais sont-ils les seuls que le porteur puisse réclamer ? ne pourrait-il pas, par exemple, réclamer des dommages intérêts ? Les auteurs qui ont regardé la lettre de change comme l'exécution d'un contrat, ont dû nécessairement admettre la demande en dommages en thèse générale. Mais l'injustice manifeste qu'il y aurait à les admettre toujours, les a forcés à signaler des exceptions qui ne sont basées sur aucune cause rationnelle. Il est en effet injuste que le tireur qui n'a aucune connaissance des endosseurs, et qui par conséquent n'a pas pu prévoir le préjudice que le retard de payement pourra leur causer, soit obligé de payer des dommages intérêts. Pour nous, la théorie des contrats ne nous est rien. La lettre de change n'est pour nous qu'une valeur. Aussi, sans nous préoccuper de toutes les distinctions mises en avant par les auteurs, quand nous voudrons savoir quels sont les frais de nature à être répétés, nous regarderons seulement s'il ont pu être prévus par le tireur, ou s'ils n'ont pas pu l'être. S'ils ont pu être prévus, comme les frais d'enregistrement, de change, de port de lettres, etc., le remboursement pourra en être demandé. S'ils n'ont pas pu l'être, comme les dommages-intérêts, ils ne pourront en aucune manière être répétés.

Le compte de retour doit être certifié par un agent de change, et annexé à la nouvelle traite dont il justifie l'augmentation, mais sous certaines conditions ; car, bien que certifié par un agent de change, tout ce qu'il contient n'est pas également justifié. Il est des choses, en effet, dont l'agent de change a pu répondre, parce qu'il les connaissait; le taux du change ou le droit de commission, par exemple. Aussi ces indications vaudront-elles jusqu'à inscription de faux. Mais il en est d'autres que le banquier seul savait, les frais de port de lettres, par exemple: l'agent de change ne les connaît que sur l'affirmation du banquier; on n'a par conséquent pas besoin de s'inscrire en faux pour les attaquer.

Le compte de retour et le rechange prouvent qu'on n'a pas fait honneur à la signature du tiré, ce qui est un grand inconvénient pour lui, et l'expose à perdre le crédit; aussi ne doit-on en user qu'avec beaucoup de modération. Souvent celui qui n'a pu faire accepter la traite débite sur son registre le tireur pour la somme exprimée dans la traite. Mais malgré cela le rechange est une institution utile, et même indispensable; il fallait que celui qui croyait avoir un titre toujours susceptible d'être échangé, ne pût pas se trouver dans l'embarras par le non payement de la lettre de change dont il est porteur. Il était bon aussi que les banquiers ne pussent émettre inconsidérément des lettres de change, et que la crainte d'un retour dispendieux et d'une perte de crédit, les engageât à ne tirer des traites qu'autant qu'ils seraient à peu près assurés qu'on ferait honneur à leur signature.

Droit Administratif.

Des Conflits.

Lorsque deux autorités sont saisies d'une même contestation, ou que l'une d'elles revendique la cause portée devant l'autre, ou que toutes se déclarent incompétentes, on dit qu'il y a conflit. De cette définition on peut conclure qu'il faut distinguer deux sortes de conflit: le conflit positif lorsque deux ou plusieurs cours sont saisies de la même affaire, et le conflit négatif lorsque toutes se déclarent incompétentes pour juger du procès qui leur est soumis.

Le conflit négatif a peu d'importance. En effet, il n'y a de compromis dans le procès qu'un intérêt particulier, il n'y a pas lutte entre les deux pouvoirs puisqu'ils se renvoient mutuellement la cause ; aussi le législateur n'a-t-il pas donné d'indications précises sur la marche à suivre dans un pareil cas. Ce qu'il y aurait probablement de mieux à faire serait de se pourvoir en règlements de juges devant une autorité supérieure aux deux tribunaux qui ont causé le conflit négatif. On pourrait aussi faire simplement appel de la décision d'un de ces tribunaux devant la Cour qui doit en connaître afin de faire casser le jugement.

Dans le conflit positif, nous aurons moins à hésiter ; tout a été réglé d'avance avec sagesse et précision : c'est que le sujet était grave. Il ne s'agissait plus d'un petit intérêt particulier ; il fallait tracer les règles qui gouverneraient les rapports de deux pouvoirs constitutifs de l'Etat ; il fallait empêcher qu'il ne pût s'établir entre le pouvoir administratif et le pouvoir judiciaire des luttes, dont le spectacle n'aurait pas manqué d'affaiblir le respect que ces grandes autorités doivent toujours inspirer, des luttes qui auraient entravé leur marche et auraient même peut-être pu amener de grands bouleversements dans l' Etat. Au lieu de se combattre, ces autorités doivent se soutenir ; leur pouvoir s'augmentera de l'appui qu'elles se prêteront mutuellement. Pour obtenir un semblable résultat, il fallait que les limites de leur action fussent bien tracées ; les empiétements n'ont pas lieu entre des voisins dont les bornes sont marquées avec soin. Il fallait aussi qu'il y eût un pouvoir choisi d'avance pour rappeler chacun dans son devoir, et que les moyens employés, tout en satisfaisant aux règles de la justice, ne pussent point blesser les magistrats qu'on avait à dessaisir. On devait en quelque sorte les inviter à abandonner eux-mêmes le jugement de l'affaire dont ils avaient été injustement saisis. En un mot, délimitation parfaite du droit de chaque pouvoir ; ménagements et convenance dans la manière de dessaisir celui qui était incompétent : tel était le double but que devait se proposer le législateur en réglant les conflits. Ce but a été parfaitement rempli par l'ordonnance du 1.er juin 1828.

A l'avenir, le conflit d'attribution entre les tribunaux et l'autorité administrative ne pourra être élevé en matière criminelle ; en police correctionnelle, il ne pourra être élevé que, 1.º lorsque la répression du délit est attribuée par une loi à l'autorité administrative : alors, en effet, il y a eu déclassement; l'intention du législateur a été de donner au pouvoir exécutif le droit de juger certains délits ; il fallait que sa volonté fût respectée et ne pût pas être ainsi éludée ; 2.º lorsque le jugement à rendre par le tribunal dépendra d'une question préjudicielle dont la connaissance appartiendrait à l'autorité administrative en vertu d'une disposition législative : dans ce cas, le conflit ne pourra être élevé que sur la question préjudicielle. La question préjudicielle doit être en effet considérée comme un incident que les juges du fond doivent abandonner aux juges compétents, et ils ne prononceront définitivement sur le procès que lorsqu'ils connaîtront le jugement rendu sur l'incident, à moins que ce dernier ne fût pas nécessaire pour voir de quel côté est la bonne cause. C'est pour les mêmes motifs que lorsque devant un tribunal de Commerce, on fait une demande en vérification d'écriture, par exemple, les juges sont obligés de renvoyer la demande devant les tribunaux civils.

Le défaut d'autorisation du Gouvernement, soit pour poursuivre un de ses agents, soit pour plaider contre un être moral, comme une commune ou un établissement public, ne peut pas donner lieu au conflit. Elever un conflit est une mesure trop grave pour qu'on veuille le faire lorsqu'il ne s'agit pas d'intérêts très-importants, d'intérêts d'ordre public. Ici les règles de compétence ne courent pas le risque d'être violées ; on n'a omis que quelques mesures préalables, ce qui pourra toujours servir d'exception à l'agent ou à l'être moral attaqué, mais n'est pas digne d'amener une lutte entre les deux pouvoirs.

Hors le cas où le tribunal aurait, malgré le mémoire du Préfet et avant qu'il ne fût périmé, passé outre au jugement du fond, il ne pourra être élevé de conflit après des jugements rendus en dernier ressort, ou acquiescés, ou définitifs. C'est le respect dû à l'autorité judiciaire et le désir d'éviter le mauvais effet que produiraient deux sentences différentes rendues sur la même affaire, qui ont fait établir cette disposition ; mais si le tribunal n'a pas voulu tenir compte de l'avertissement qui lui était donné, s'il n'a pas voulu attendre que son droit fût fixé, il s'est exposé à voir sa décision cassée, et il ne doit s'en prendre qu'à lui de voir sa volonté méconnue.

Après les quelques dispositions que nous venons d'énumérer, l'ordonnance passe aux formes dans lesquelles devra être élevé le conflit. Toutes les règles qu'elle fixe sont simples et ne peuvent donner lieu à aucune difficulté sérieuse; il est donc inutile de les copier ici; un coup d'œil jeté sur le Code apprendra tout ce qu'il y a à savoir là-dessus. Il faut seulement remarquer que le législateur paraît tenir beaucoup à ce que de semblables questions ne restent pas longtemps en suspens. Pour que le conflit soit jugé dans un bref délai, il a prononcé la péremption de l'instance si chaque acte de procédure n'était pas fait avec assez de rapidité. Ainsi, quinze jours après le rejet du déclinatoire préfectoral, si le conflit n'a pas été élevé, le tribunal pourra passer outre. Il devra être statué sur le conflit dans les quarante jours qui suivront la remise des pièces au Garde des sceaux Ministre de la justice; et si une augmentation de délai est prononcée, le temps total ne pourra pas être de plus de deux mois. A chaque pas donc on trouve une disposition qui oblige celui qui a élevé le conflit à hâter la décision définitive.

Vu par le Président de la Thèse,

LAURENS.

TOULOUSE, IMPRIMERIE DE J.-M. DOULADOURE.

www.ingramcontent.com/pod-product-compliance
Lightning Source LLC
Chambersburg PA
CBHW070750210326
41520CB00016B/4654